VIVER É MUITO BOM

1º ANO
ALUNO

MARIA INÊS CARNIATO

VIVER É MUITO BOM

1º ANO
ALUNO

EDIÇÃO REVISTA E AMPLIADA

Paulinas

Dados Internacionais de Catalogação na Publicação (CIP)
(Câmara Brasileira do Livro, SP, Brasil)

Carniato, Maria Inês
  Viver é muito bom, 1º ano: aluno / Maria Inês Carniato. — Ed. rev. e ampl. — São Paulo : Paulinas, 2010. — (Coleção Ensino Religioso Fundamental)

  ISBN 978-85-356-0928-8

  1. Educação religiosa (Ensino fundamental) I. Título. II. Série.

  09-13123   CDD-372.84

Índice para catálogo sistemático:
1. Educação religiosa : Ensino fundamental   372.84

Direção-geral: Flávia Reginatto

Editora responsável: Luzia M. de Oliveira Sena

Assistente de edição: Andréia Schweitzer

Copidesque: Leonilda Menossi

Coordenação de revisão: Marina Mendonça

Revisão: Ruth Mitzuie Kluska

Direção de arte: Irma Cipriani

Ilustrações: Soares

Gerente de produção: Felício Calegaro Neto

Projeto gráfico: Telma Custódio

Nenhuma parte desta obra poderá ser reproduzida ou transmitida por qualquer forma e/ou quaisquer meios (eletrônico ou mecânico, incluindo fotocópia e gravação) ou arquivada em qualquer sistema ou banco de dados sem permissão escrita da Editora. Direitos reservados.

Paulinas
Rua Dona Inácia Uchoa, 62
04110-020 – São Paulo – SP (Brasil)
Tel.: (11) 2125-3500
http://www.paulinas.org.br – editora@paulinas.com.br
Telemarketing e SAC: 0800-7010081
© Pia Sociedade Filhas de São Paulo – São Paulo, 2002

Convite a quem ama a criança

Você cuida da criança e a ama. Seja sua filha, neta, parente ou não, com certeza você deseja o melhor para ela.

A escola educa o ser humano como pessoa, cidadão, participante e responsável, mas também como ser único, situado no mistério transcendente que se manifesta por meio da religiosidade.

O Ensino Religioso não substitui a família na educação religiosa. Ele comunica o conhecimento da cultura e das manifestações religiosas, mas espera que as pessoas que convivem com a criança e a amam ofereçam a ela os princípios de uma vida coerente com os valores e a dignidade humana, a herança da fé familiar e a pertença a uma religião.

Nesse sentido, é preciso haver uma parceria entre a escola e você, a fim de que a criança descubra significados que respondam à sua necessidade de entender a vida, pois a educação só é possível na relação de confiança e amor.

Sendo assim, a criança será incentivada a conversar, em casa, com quem ela convive, a quem ama e em quem confia. Essa tarefa pode ser desenvolvida pouco a pouco. Dependerá bastante de seu desempenho. Por isso, quando ela lhe perguntar, fale sobre as brincadeiras, as cantigas de roda, as histórias e o que mais você lembrar de sua infância. Ela também vai pedir sua ajuda para refletir sobre questões importantes da vida. Revele a ela suas crenças, suas esperanças, sua fé. É a melhor herança que você pode depositar nas mãos dessa pessoa repleta de possibilidades no presente e no futuro.

Contamos com você. Sua parceria será indispensável!

Um grande abraço da autora deste livro.

UNIDADE 1

A vida é legal

Objetivo Compreender a felicidade de ser uma pessoa única, no meio de tantas pessoas diferentes umas das outras.

1.1. A felicidade que Deus criou

OBJETIVO

Sentir a alegria de ser uma pessoa igual às outras, mas com características pessoais; de estar crescendo, aprendendo e se relacionando em uma turma repleta de diferenças. Conhecer o ensinamento das religiões acerca da origem de tudo o que existe.

Eu existo.
Recebi a vida de presente.
Vivo com as pessoas.
Somos iguais, mas temos diferenças.

VIVA A CRIANÇA

Criança é alegria
Criança é amor
Criança é ternura
É a felicidade que Deus criou

Uma flor é uma criança
A estrela é uma criança
A lua é uma criança
Criança é assim
Em tudo que faz
Tem amor e paz

Celina Santana. CD *Tra-la-lá, vamos comemorar*. Paulinas/COMEP, 2001.

Crescemos para ser felizes.
O mundo é belo.
É cheio de diferenças.
Deus não para de ter ideias geniais!

1.2. Brincando de comunicar

OBJETIVO

Tomar consciência do privilégio de ser pessoa, capaz de ver a realidade, pensar sobre ela e comunicar o próprio pensamento. Descobrir que as religiões têm palavras sagradas, próprias para a comunicação com Deus.

Tenho a palavra. Quero dizer.
Tudo o que vejo posso entender.
Minha linguagem e a visão
Abrem a porta do coração.

AGRADEÇO AO BOM DEUS

Eu tenho uma boca para falar
Tenho dois olhinhos para enxergar
Eu falo, falo tanto até cansar
Minha boca está crescendo
De tanto tagarelar

E os meus olhinhos
Tudo podem admirar
Vejo a luz, que alegria
E a grandeza que é o mar
Agradeço ao meu Deus
Por poder tudo enxergar

Zélia Barros Moraes. CD *O mundo encantado da Pré-Escola.*
Paulinas/COMEP, 1996.

As pessoas criam palavras sagradas e falam com Deus.
Existem palavras sagradas em todas as línguas do mundo!
Deus entende todas as palavras sagradas!

1.3. A festa do rei

> **OBJETIVO**
>
> Conscientizar-se da capacidade de fazer gestos significativos e compreender que essa é uma das formas de comunicação com as pessoas e com Deus.

Era uma vez um rei. Ele estava feliz e pensou:
"Vou dançar para Deus". E foi para as ruas da cidade.
Era um reino de músicos.
Todos pegaram instrumentos, tocaram e dançaram com o rei.
A cidade virou uma festa de comunicação sagrada.

DANCINHA PARA DESCONTRAIR

Eu danço, danço, danço
Requebro a cintura
O meu corpo todo
Começa a balançar

Eu mexo com as mãos
Eu mexo com os braços
Minha cintura não pode parar

Eu mexo com os ombros
Eu dobro os joelhos
As minhas pernas não podem parar

Eu viro para um lado
Eu viro para o outro
Minha cabeça não pode parar

Celina Santana. CD *Tra-la-lá, vamos comemorar*.
Paulinas/COMEP, 2001.

No mundo inteiro as pessoas fazem gestos sagrados.
Deus conhece o significado de todos os gestos e de toda a comunicação.

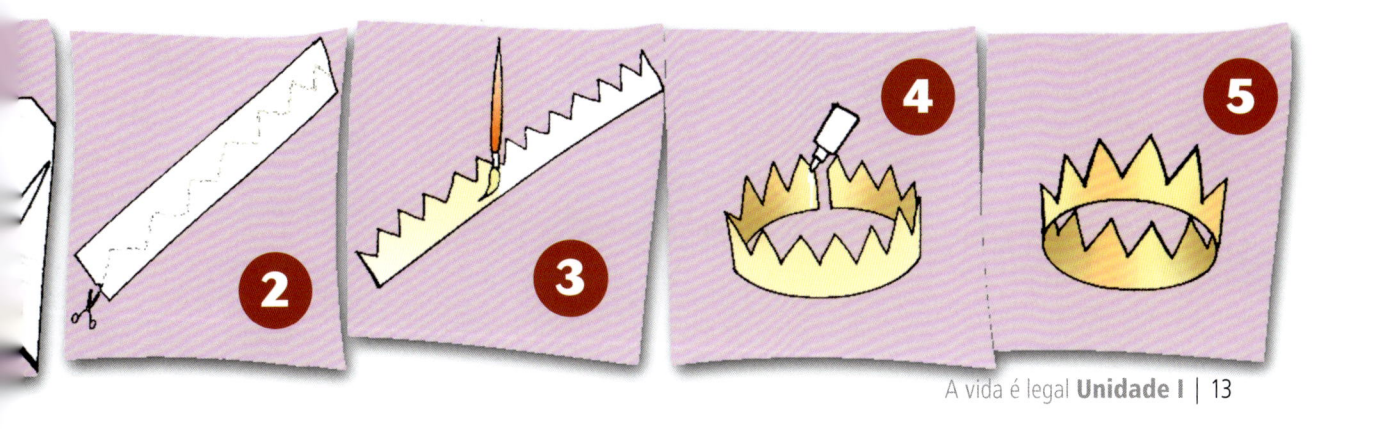

1.4. O silêncio das borboletas

OBJETIVO

Experimentar a atitude religiosa do silêncio; conscientizar-se da própria capacidade de demonstrar respeito e carinho por meio do silêncio e de participar de uma harmonia silenciosa no grupo.

As borboletas têm belas cores e formatos.
São cheias de desenhos. Flutuam e dançam no ar.
Mas elas vivem em silêncio. Bailam ao som das cascatas,
ao canto dos pássaros e ao rumor da brisa nas árvores.
Com as asas, elas tocam uma melodia para Deus.
E só ele pode escutar!

O SILÊNCIO

O silêncio, o silêncio
Vamos todos conseguir
É a hora do silêncio
Para a gente poder ouvir

O silêncio, o silêncio
Como é bom ficar quietinho
Vamos todos fazer silêncio
Para ouvir bem direitinho

Folclore infantil – Adaptação: Nilsa Zimmermann.
CD *O mundo encantado da música*. v. 1. Paulinas-COMEP, 1996.

Existe muito silêncio no planeta Terra.
Nós também podemos silenciar.
Deus entende todos os silêncios do universo!

UNIDADE 2

Vivemos com Deus e com as pessoas

Objetivo Experimentar a alegria de ter o próprio lugar no mundo, de conviver com pessoas diferentes e com todos os seres da natureza, de colaborar, respeitar e ser importante para Deus e para as outras pessoas.

2.1. É bom viver aqui

> **OBJETIVO**

Descobrir que a crença em Deus leva as pessoas a perceber que ele se comunica por meio de tudo o que existe de bom e que é possível fazer o mundo cada vez melhor para todos os seres vivos.

Todo o bem que nos rodeia é sinal de que Deus cuida de nós.
É bom viver aqui!
Podemos deixar este lugar ainda melhor e mais bonito.

DEUS BONDADE

Deus bondade, nós ouvimos tua voz
Nas palavras que escutamos
Tu estás a falar
Do teu amor por nós

José Acácio Santana. CD *Canta criança, canta*.
Paulinas/COMEP, 1998.

Deus conhece cada pessoa que vive no mundo.
Ele valoriza tudo o que fazemos de bom.
Podemos ajudá-lo a melhorar sempre mais
o lugar onde vivemos.

Vivemos com Deus e com as pessoas **Unidade 2**

2.2. O sino da torre

OBJETIVO

Perceber na cultura e na sociedade os sinais e símbolos das tradições religiosas.

Era uma vez quatro fradinhos
que viviam em um mosteiro
feito de pedras e rodeado
de plantas floridas.
De madrugada, os pássaros
despertavam no bosque
e na torre da capela o sino tilintava:
blém, blém, blém,
marcando as horas de trabalho e oração.
Após a prece da noite,
os fradinhos iam dormir.
E um grande silêncio vinha
embalar a natureza.

FREI MARTINHO

Frei Martinho	Frei Gorgulho	O silêncio
Frei Martinho	Frei Gorgulho	O silêncio
Frei Inocêncio	Frei Beltrão	Vou ouvir
Frei Inocêncio	Frei Beltrão	Vou ouvir
Não toque o sininho	Não faça barulho	Mesmo aqui agora
Não toque o sininho	Não faça barulho	Mesmo aqui agora
É silêncio	Não, não, não	Psiu, psiu, psiu
É silêncio	Não, não, não	Psiu, psiu, psiu

Folclore infantil – Adaptação: Nilsa Zimmermann.
CD *O mundo encantado da música*. v. 1. Paulinas/COMEP, 1996.

Quando os sinos tocam é sinal de que as pessoas querem conversar com Deus. Deus entende a linguagem de todos os sinos do mundo.

1 **2** **3** **4**

Vivemos com Deus e com as pessoas **Unidade 2**

2.3. Ajudamos Deus a se comunicar

OBJETIVO

Descobrir que, por meio de atitudes e gestos de amor, é possível ajudar as pessoas a compreender o que significa crer em Deus.

Marcos não tinha com quem brincar.
Um dia a família de Pedro veio morar na casa ao lado
e os dois se tornaram amigos.
No sábado, Marcos foi com os pais para o culto,
no templo de sua religião.
Ele viu que na casa de Pedro
todos estavam ajudando a limpar o jardim.
Marcos achou estranho seu amigo trabalhar no sábado.
Mas, no domingo de manhã,
a família de Pedro saiu em direção à igreja.
Então Marcos entendeu que Pedro
pertencia a uma igreja diferente da sua.
Os meninos ficaram curiosos
por conhecer a religião um do outro.
E assim aumentou a amizade.

COMO É BOM AMAR

Como é bom amar, abraçar, abraçar
E dizer aos coleguinhas, olá, olá
Apertar as mãozinhas
E dizer com o coração
Deus nos fez bons amigos
Formando a união

Zélia Barros Moraes. CD *O mundo encantado da Pré-Escola*. Paulinas/COMEP, 1996.

Deus conhece todas as religiões do mundo. Ele conhece também o coração de todos os seres vivos.
Mesmo pertencendo a religiões diferentes, podemos ter amizade entre nós.

Vivemos com Deus e com as pessoas **Unidade 2**

2.4. Fazemos o mundo melhor

> **OBJETIVO**

Tomar consciência de que é necessário e agradável conviver na diversidade, interagir e relacionar-se em colaboração, amizade e respeito.

Em um lugar distante daqui vivem famílias,
à beira-mar.
Enquanto os pais trabalham,
as crianças ouvem histórias sagradas contadas pelos avós
e aprendem a fazer esteiras.
Elas servem para sentar-se, para dormir e até para rezar.

24 | **Viver é muito bom** Livro do aluno

PEZINHO

Ai bote aqui, ai bote ali o seu pezinho
O seu pezinho bem juntinho com o meu

E depois não vá dizer
Que você já me esqueceu

Folclore infantil de Portugal. Adaptação: Nilsa Zimmermann.
CD *O mundo encantado da música*. v. 1. Paulinas/COMEP, 1996.

Nós, pessoas, vivemos juntas.
Deus se sente feliz quando nos vê agindo em colaboração.

Vivemos com Deus e com as pessoas **Unidade 2**

UNIDADE 3

O mundo é bom e belo

Objetivo Sentir a sacralidade da natureza e do planeta Terra. Descobrir a crença das religiões de que na natureza existe um mistério de vida inexplicável só pelos meios científicos.

3.1. O pequeno paraíso

OBJETIVO

Compreender que a vida contida na terra e na natureza alimenta e mantém a vida de todos os seres.

A mãe de Ana ganhou uma orquídea.
A menina logo quis saber onde nasciam aquelas maravilhosas flores.
Então a família organizou um passeio ecológico.
Ana pôde conhecer uma trilha ecológica na mata
e viu milhares de flores e árvores
que ela não imaginava que existissem.
Ao voltar para casa, Ana agradeceu à mãe:
"Obrigada por ter me levado ao pequeno paraíso!".
A mãe achou lindo o título que Ana inventou para a mata nativa.

A PRIMAVERA

Desperta no bosque gentil primavera
Com ela chegou o canto, gorjeio do sabiá.
Lá, lá, lá, lá, lá...

Folclore. Adaptação: Nilsa Zimmermann.
CD *O mundo encantado da música*. v. 1. Paulinas/COMEP, 1996.

A natureza é como um pequeno paraíso.
Deus a preparou para nós.
Ele conhece cada uma das matas,
flores e árvores do mundo!

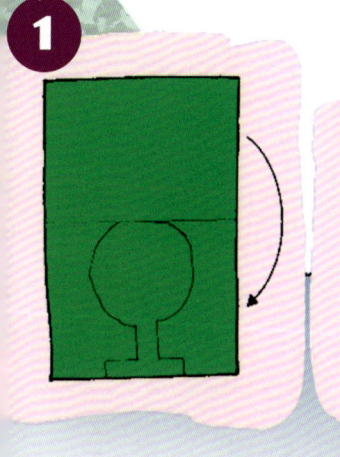

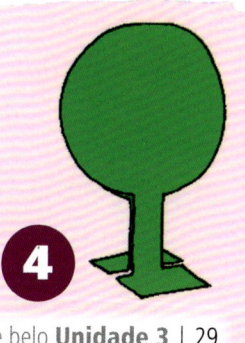

3.2. Um girassol sorriu para mim

OBJETIVO

Desenvolver a reverência pela natureza, pois esta é uma das atitudes religiosas mais primordiais.

Em uma escola distante daqui,
as crianças e as professoras fizeram um jardim.
Quando as flores desabrocharam,
foi uma alegria geral.
As pessoas que passavam do lado de fora
paravam junto ao muro
para contemplar tanta beleza!

O GIRASSOL

Um girassol florido num jardim
Buscando a luz do sol, sorriu para mim
Eu também sou pequeno girassol
Buscando a luz de Deus sou feliz assim

Tenho mil sementes de amor para te dar
Tenho mil sementes de ternura para te dar
Tenho mil sementes de carinho para te dar

Fr. Fabreti. CD *Encontro feliz e A festa dos amiguinhos de Jesus.*
Paulinas/COMEP, 1996.

Deus conhece cada planta que existe no planeta Terra.
Ele sabe que precisamos delas.
A terra contém a vida que faz a semente germinar
e a planta crescer.

3.3. Eu também quero voar

OBJETIVO

Experimentar a convivência reverente, o respeito e a parceria com todos os seres vivos, base para a solidariedade e a paz.

Davi e Daniel são primos.
Eles brincam juntos e fazem mil descobertas legais.
Quando soltam pipa, Davi e Daniel sentem vontade de voar.
Mas eles sabem que só as aves voam.
Pessoas não têm asas.
Temos pensamentos, sentimentos e capacidade de agir.
Mesmo assim, nós e os pássaros não somos tão diferentes como parece!
Afinal, nenhum pássaro consegue voar até as estrelas.
Mas o nosso pensamento voa!

OS PASSARINHOS VOAM

Se os passarinhos voam
Eu também quero voar (bis)
O biquinho para o chão
As asinhas para o ar (bis)

O pé, o pé, o pé, a mão, a mão, a mão (bis)
Dar uma volta meu amigo
Aperte a mão do seu irmão (bis)

Se os passarinhos pulam
Eu também quero pular (bis)
O biquinho para o chão
As asinhas para o ar (bis)

Se os passarinhos andam
Eu também quero andar (bis)

Se os passarinhos amam
Eu também quero amar (bis)

Se os passarinhos rezam
Eu também quero rezar (bis)

DR. CD *Sementinha*. v. 3. Paulinas/COMEP, 1996.

Alguns animais têm capacidades que nós não temos.
Porém nós fazemos milhares de coisas
que eles jamais farão.
Deus conhece todos os animais
do planeta Terra e espera que
cuidemos deles com respeito e carinho.

3.4. Meu avião foi para o céu

OBJETIVO

Perceber a variedade e as diferenças que existem em tudo o que nos rodeia – natureza, pessoas, objetos etc. – e a importância da complementaridade, para se criar um mundo diferente.

Era um domingo de chuva. As crianças olhavam para as bicicletas encostadas no alpendre e para a água que caía no quintal. Vovó percebeu a tristeza e teve uma ideia: despejou na mesa da cozinha uma caixa repleta de materiais para cada criança inventar o que quisesse. Surgiram brinquedos e peças de arte! As crianças pediram à vovó: "Escolha o trabalho mais bonito".
Então ela explicou: "Não existe trabalho mais bonito ou menos bonito. Cada pessoa tem seu modo de fazer as coisas, por isso todas são bonitas".

AVIÃOZINHO DE PAPEL

Eu fiz um aviãozinho de papel
E coloquei no ar para voar
Só que ele subiu lá para o céu
Aviãozinho não quer mais voltar
Sou um piloto, quero pilotar
Só que o avião
Não quer mais voltar

Zélia Barros Moraes. CD *O mundo encantado da Pré-Escola*. Paulinas/COMEP, 1996.

Deus admira o que fazemos de bom.
Nós também podemos respeitar e valorizar aquilo que cada pessoa faz.

UNIDADE 4

O mundo é nosso e de Deus

Objetivo Sentir-se participante de um mundo pluralista, em que a aceitação das diferenças é fundamental para a soma de valores e de atitudes que construam uma sociedade mais feliz.

4.1. O teatro de sombras

OBJETIVO

Descobrir que as diferenças e a diversidade enriquecem a ajuda mútua e a participação. É a soma das diferenças que faz o mundo ser melhor.

Marina e Marisa são gêmeas.
Quando elas usam o uniforme da escola parecem iguais.
Mas cada uma tem seu jeito de andar, de correr, de falar e de brincar.
A turma sabe quem é Marina e quem é Marisa,
pois elas são semelhantes, mas também têm muitas diferenças.

COMO É BOM NOS ENCONTRAR

Como é bom nos encontrar
Ao Deus da vida vamos juntos celebrar

Gritando, batendo palmas, rodopiando
Dizendo alê!
Pulando, gargalhando, dançando
Dizendo alê!

Cantando, abraçando, assobiando
Dizendo alê!
Louvando, batendo palmas, batendo o pé
Dizendo alê!

De mãos dadas, perdoando, rezando
Dizendo alê!

Aleluia, alegria, alê!
Aleluia, alegria, alê!

Verônica Firmino. CD *Sementinha*. v. 4. Paulinas/COMEP, 2000.

Deus conhece cada pessoa do mundo.
Ninguém é igual.
Quanto mais diferentes somos, melhor podemos viver juntos e nos ajudar.

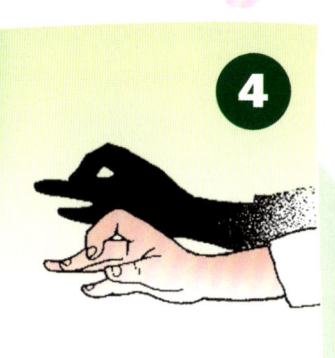

4.2. A raposa e o príncipe

OBJETIVO

Despertar admiração, reverência e respeito pelos colegas, acentuando o que cada um tem de bom.

Era uma vez um príncipe que veio
de outro planeta à procura de um amigo.
Ele caminhou por muito tempo
e encontrou uma raposa.
O principezinho não conhecia
um animal como ela.
E a raposa nunca tinha visto
um menino como ele.
Por serem tão diferentes, a raposa e o príncipe
ficaram encantados um com o outro
e se tornaram eternos amigos.

EU QUERO LHE ABRAÇAR

Meu amigo, venha cá
Que eu quero lhe abraçar

Alegria e muita paz
Eu desejo pra você
Tenha sempre muito amor
Amor de Deus no coração

Eugênio L. Souza (DR).
CD *Sementinha*. v. 4. Paulinas/COMEP, 2000.

Deus deseja ser o melhor amigo de cada pessoa. Podemos ser o melhor amigo ou a melhor amiga de Deus e também das pessoas que nos cercam.

O mundo é nosso e de Deus **Unidade 4**

4.3. Guarda-me no teu amor

OBJETIVO

Conhecer a atitude que mais caracteriza as religiões: a oração. Perceber que ela pode abranger todos os seres existentes e criar na terra uma grande irmandade de amor e de paz.

Lucas foi dormir uma noite na casa de seu amigo Rafael.
Na hora de deitar, o pai de Rafael entrou no quarto para fazer com ele as preces de sua religião.
Lucas ficou muito admirado.
Quando chegou em casa, pediu a seu avô que daquele dia em diante também rezasse com ele antes de dormir.

ORAÇÃO DA NOITE

O vento fez serenata
E embalou a flor
Os peixinhos contentes dançaram
A cantiga que o rio cantou
A lua sorriu amarelo
As estrelas piscaram pra mim
E naquela noite eu rezei assim:
Meu Deus, como é grande
O carinho que tens por mim
Me guarda no teu amor
Não te esqueças de mim

Zélia Patrício. CD *A bonita arte de Deus*. v. 1.
Paulinas/COMEP, 1996.

Deus entende todas as preces que são feitas por todas as pessoas, em todas as línguas do mundo.

1
caroço de fruta
ssa de odelar

2

3

4

O mundo é nosso e de Deus **Unidade 4** | 43

4.4. Povos todos, batei palmas

OBJETIVO

Compreender que todos os povos e culturas do planeta fazem parte do sonho de Deus: a paz, a liberdade, a justiça para todos. Isso é possível por meio da amizade entre as religiões. Assumir um pacto com a turma: a construção de um mundo melhor, do jeito como Deus quer.

Natália chegou da escola. Saboreou o almoço quentinho feito pela vovó, depois foi brincar. Após o lanche, Natália fez a lição, tomou banho e sentou-se ao lado da vovó. As duas ligaram a TV e viram o programa mais legal de suas vidas: milhares de pessoas oravam e cantavam juntas, como se fossem irmãs e irmãos. Quando a mãe chegou do trabalho, Natália contou a ela que agora o mundo seria muito melhor, porque pessoas de diversas religiões estavam se encontrando como amigas.

SALMO 47

Povos todos, batei palmas
Batei palmas de alegria

Cantai para o nosso Deus, cantai
Cantai, cantai, para o nosso Deus, cantai
Tra-la-lá!

Fr. Fabreti. CD *Os salmos das crianças*.
Paulinas/COMEP, 1998.

O que Deus mais sonha é com a amizade
de todas as pessoas do mundo,
de todos os povos e todas as religiões.
Podemos fazer essa surpresa para ele.
Você não acha?

O mundo é nosso e de Deus **Unidade 4**

Sumário

Convite a quem ama a criança 5

UNIDADE 1 – A vida é legal

1.1. A felicidade que Deus criou 8
1.2. Brincando de comunicar 10
1.3. A festa do rei 12
1.4. O silêncio das borboletas 14

UNIDADE 2 – Vivemos com Deus e com as pessoas

2.1. É bom viver aqui 18
2.2. O sino da torre 20
2.3. Ajudamos Deus a se comunicar 22
2.4. Fazemos o mundo melhor 24

UNIDADE 3 – O mundo é bom e belo

3.1. O pequeno paraíso 28
3.2. Um girassol sorriu para mim 30
3.3. Eu também quero voar 32
3.4. Meu avião foi para o céu 34

UNIDADE 4 – O mundo é nosso e de Deus

4.1. O teatro de sombras 38
4.2. A raposa e o príncipe 40
4.3. Guarda-me no teu amor 42
4.4. Povos todos, batei palmas 44

Impresso na gráfica da
Pia Sociedade Filhas de São Paulo
Via Raposo Tavares, km 19,145
05577-300 - São Paulo, SP - Brasil - 2009